El mundo del león

Karen Durrie
y Eric Doty

Ve a www.eyediscover.com e ingresa el código único de este libro.

CÓDIGO DEL LIBRO

AVT22494

EYEDISCOVER te trae libros mejorados por multimedia que apoyan el aprendizaje activo.

Published by AV² by Weigl
350 5th Avenue, 59th Floor New York, NY 10118
Website: www.eyediscover.com

Library of Congress Control Number: 2018942810

ISBN 978-1-4896-8191-1 (hardcover)

Printed in the United States of America
in Brainerd, Minnesota
1 2 3 4 5 6 7 8 9 0 22 21 20 19 18

052018
011618

English Editor: Katie Gillespie
Spanish Editor: Ana María Vidal
Designer: Mandy Christiansen
Spanish/English Translator: Translation Services USA

Weigl acknowledges Getty Images and iStock as the primary image suppliers for this title.

EYEDISCOVER proporciona contenido enriquecido, optimizado para el uso en tabletas, que complementa este libro. Los libros de EYEDISCOVER se esfuerzan por crear un aprendizaje inspirado e involucrar a las mentes jóvenes en una experiencia de aprendizaje total.

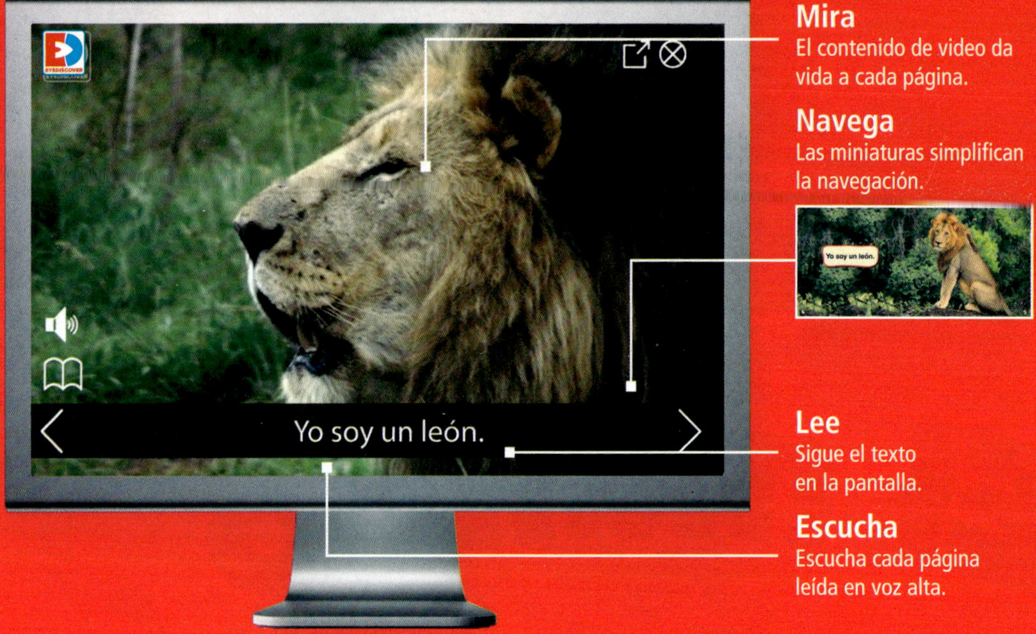

Tu EYEDISCOVER con Seguimiento de Lectura Óptico cobra vida con...

Audio
Escucha todo el libro leído en voz alta.

Video
Los videos de alta resolución convierten cada hoja en un seguimiento de lectura óptico.

OPTIMIZADO PARA

- TABLETAS
- PIZARRAS ELECTRÓNICAS
- COMPUTADORES
- ¡Y MUCHO MÁS!

El mundo del león
En este libro, aprenderás sobre
• cómo me veo
• dónde vivo
• qué como
¡y mucho más!

Yo soy un león.

Yo soy uno de los gatos más grandes del mundo.

Mi fuerte rugido
puede oírse a 5
millas de distancia.

Mis grandes y fuertes patas me ayudan a correr tan rápido como un caballo de carreras.

Mi larga y gruesa
melena le dice a otros
leones que soy
muy poderoso.

Mi familia se
llama manada. Nos
saludamos frotando
nuestras cabezas.

Las hembras en mi manada cazan la comida en grupos.

Yo mantengo a nuestros jóvenes cachorros seguros.

Me llaman el rey de las bestias.

Solo quedan unos **500 leones asiáticos** en la naturaleza.

Puede que menos de **20,000** leones vivan en África hoy.

Un león puede correr hasta **50 millas por hora.**

(80 kilómetros por hora)

Un león puede **dormir** **20 horas** al día.

Los leones macho comen **15 libras de carne cada día.** (7 kilogramos)

Hay alrededor de **15 Leones** por manada.

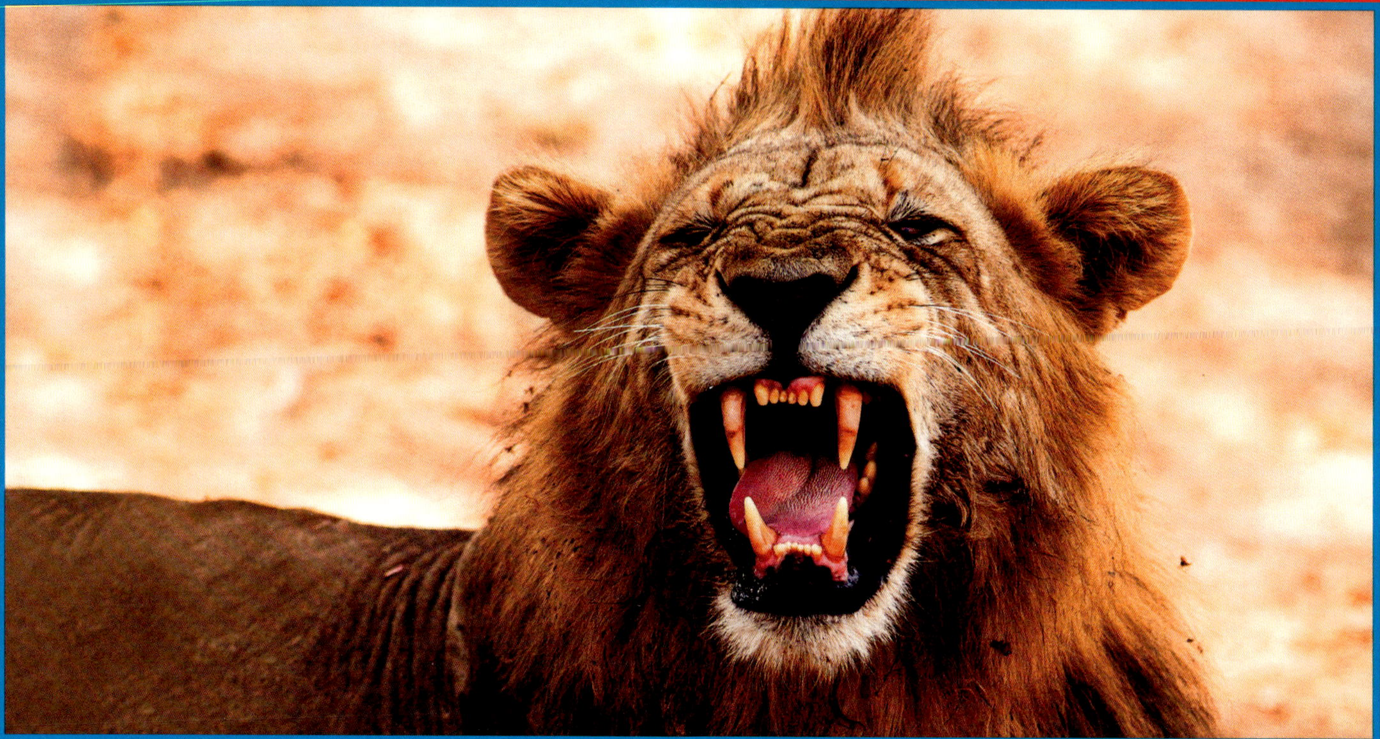

Mira
El contenido de video da vida a cada página.

Navega
Las miniaturas simplifican la navegación.

Lee
Sigue el texto en la pantalla.

Escucha
Escucha cada página leída en voz alta.

Ve a www.eyediscover.com e ingresa el código único de este libro.

CÓDIGO DEL LIBRO

AVT22494